JN411524

저녁바람

저녁바람

펴 낸 날 2018년 8월 25일

지 은 이 최영욱
펴 낸 이 최지숙
편집주간 이기성
편집팀장 이윤숙
기획편집 최유윤, 이민선, 정은지
표지디자인 최유윤
책임마케팅 임용섭
펴 낸 곳 도서출판 생각나눔
출판등록 제 2008-000008호
주 소 서울 마포구 동교로 18길 41, 한경빌딩 2층
전 화 02-325-5100
팩 스 02-325-5101
홈페이지 www.생각나눔.kr
이 메 일 bookmain@think-book.com

• 책값은 표지 뒷면에 표기되어 있습니다.
ISBN 978-89-6489-883-3 03810

• 이 도서의 국립중앙도서관 출판 시 도서목록(CIP)은 서지정보유통지원시스템 홈페이지(http://seoji.nl.go.kr)와 국가자료공동목록시스템(http://www.nl.go.kr/kolisnet)에서 이용하실 수 있습니다(CIP제어번호: CIP2018025284).

저녁바람

들어가는 말

바람이 분다.
해 저무는 어두운 강물 위로 저녁 바람이 분다.
불어오는 바람 따라 나는 거류산으로 가고,
저절로 이렇게 오늘 하루도 지나간다.

- 이 시집을 나의 글을 사랑하는 독자들에게 바치며

목차

카페 '예&마'

카페 '예&마'

일.

카페는 이른 새벽부터 문을 엽니다. 오시면 안쪽 7번 테이블로 모시겠습니다.
세탁한 패랭이꽃무늬의 테이블보를 새로 갈아 향기가 참 좋습니다.

옆 테이블 사람들이 어색하지만 곧 친해질 것입니다.
조금만 기다리시면 어둠이 사라지고 눈부신 아침도 올 것입니다.

종업원들이 친절하게 모실 것입니다.

카페 '예&마' 01.

오전 8시가 조금 지나서 아침을 주문하십시오.
감자튀김과 삶은 올리브유 토마토 샐러드가 좋습니다.

혹시 옆 테이블 손님이 함께 식사를 하자면 그렇게 하십시오.
여기 오신 손님들은 무척 좋은 친구들입니다.

친절한 종업원들이 도와드릴 것입니다.

카페 '예&마' 삼.

오후에는 주로 카페 손님들과 종업원들은 함께 이야기를 즐깁니다. 누구에게도 간섭을 받지 않고 간섭하지 않는 아주 평화로운 시간입니다.

주인이 그렇게 허락해 주었습니다.

카페 '예&마'

사.

오늘 저녁 우리 카페 만찬은 '피스'라는 특별한 볶음밥 요리입니다.
손님들은 다 함께 둘러앉아 식사를 할 것입니다.
체면과 차별은 없습니다. 그냥 바닥에 앉아 어울려 식사를 하면 됩니다.

주인이 모처럼 초대한 만찬입니다.

주인이 직접 문을 닫을 때도 있습니다.
손님과 종업원들은 무척 아쉽고 서운하겠지만
주인은 오래전부터 그렇게 계획하고 실천을 해왔기 때문입니다.

무악리 아이들

무악리 아이들 _일._

아이들이 정신없이 놀고 있습니다.
실고랑 옆 넓은 풀벌 위에서
손톱 달이 뜨는데도 집에 갈 줄 모르고 깔깔거리며 놀고 있습니다.

무악리 아이들

01.

시냇가 강둑 옆에 노란 민들레가 억수로 피어 있는 푸서리
이리저리 뒹굴며 여우별이 뜰 때까지 아이들이 놀고 있습니다.
지치지도 않고 온종일 신나게 놀고 있습니다.

삼.

옷에는 들풀이 물들고, 얼굴에도 들꽃이 물들고
수챗물이 흐르는 작은 도랑 따라
예쁜 꽃 구름 쫓아 아이들이 막 달려갑니다.

무악리 아이들

사.

개어귀를 지나 나릿물을 지나, 아이들이 가고 있습니다.
세상모르고 가고 있습니다. 다 함께 어깨동무를 하고 가고 있습니다.
도래샘의 개구리도 폴짝폴짝 잘도 따라옵니다.

무악리 아이들

오.

아이들이 서로서로 손잡고 돌다리를 건넙니다.
곰살궂은 아이들이 겨끔내기를 하며 건넙니다.
길섶으로 오던 어른들도 은근슬쩍 따라 건넙니다.
들꽃이 춤추는 언덕 위로 매지 구름이 지나갑니다.

약속

약속 *일.*

저는 여기에 조금만 더 있다가 가겠습니다.
우리가 만날 그 장소에 가서
차분하게 그 이유를 설명하기로 약속하겠습니다.

약속 01.

몇 날을 깊게 생각해도 저는 도저히 납득이 되지 않습니다.
무지와 오해 속에서 시작한 생각들이라 더욱더 모르겠습니다.
그래서 선뜻 약속하기가 힘듭니다.

삼.

그 사람의 의도는 그렇지 않았다고 하지만
계속되는 되풀이에 그냥 답답하기만 합니다.
모두들 모른 척 서로 지키지 못할 약속을 했습니다.

약속

사.

우리들의 보편적인 생각과 맞지 않는 부분이 있었지만
몇몇 사람들은 관여하지 말자고 의견을 제시해서
모두들 따르기로 다 같이 약속했습니다.

약속

오.

처음에는 별 준비 없이 따랐지만 그게 그 사람의 말씀이라고 합니다.
많은 모순도 가지고 있었지만 그 사람의 생각이라고 합니다.
도저히 납득이 가지 않았지만 그 사람만 알고 있기 때문에 모두 따르기로 약속했습니다.

저녁 바람

저녁 바람

일.

비스듬히 누워있는 서쪽 산으로 말없이 하루해가 넘어가면
어두워져 가는 차가운 강가에 나 혼자 앉아
불어오는 저녁 바람에 선웃음 지어봅니다.

저녁 바람

01.

강 건넛마을에 저녁연기가 피어오르면
사방은 점점 어두워져 아무도 것도 안 보이고
사월 꽃향기는 바람을 타고 온 동네에 꽃냄새를 뿌리며 달아납니다.

저녁 바람

삼.

걸어 왔던 길을 소리 없이 한번 뒤돌아보니
길은 어둠에 가려 잘 보이지 않고
늦은 저녁 바람에 미루나무 한 그루가 우두커니 서 있습니다.

저녁 바람

사.

저녁 바람이 불어와 어서 따라오라고 합니다.
늙은 몸으로 저녁 바람과 함께 나서봅니다.
어릴 때 놀던 고랑을 지나고, 바다가 보이는 보리밭 고갯길도 지나고

저녁 바람

오.

가로막힌 샛강을 건너려고 흐르는 강물에 두 발을 담그니
저녁 바람이 내 앞을 휙 지나갑니다.
깜짝 놀라 발을 드니 물결만 소리 없이 사방으로 퍼져나갑니다.

늦게라도 내 고향에

늦게라도 내 고향에

일.

고운 봄 햇살이 밉지 않은 노란 민들레 옆에 살며시 눕고
고향 뒷산 진달래 꽃가루가 이른 사월 봄 바다 위로 날리면
내 고향 봄 바다를 절대 잊을 수가 없어 늦게라도 찾아갑니다.

늦게라도 내 고향에

01.

봄 바다가 보이는 내 고향 뒷산 풀 언덕 위에
이제라도 찾아와서 조용히 팔베개를 하고 누워 하늘을 보니
무심한 세월에 나이만 들어 이제 아무 욕심이 없습니다.

삼.

어린 시절 그렇게 곱던 봄날은 어느덧 지나갔고
늦게 찾은 고향 땅에 아직도 세상을 내려놓지 못한 나는
이 좋은 봄날에 어설픈 잠도 깊이 못 들겠습니다.

늦게라도 내 고향에

사.

늦게라도 찾은 고향 바다
많은 세월이 흘러 모든 것들이 차츰 망각되어 가지만
고향 바다에 우두커니 서서 가는 봄날을 손가락으로 셀 수 있어 그냥 좋습니다.

늦게라도 내 고향에

오.

내 고향 봄 바다는 꿈속에 매일 그리던 고운 바다
사방을 둘러보니 고왔던 어린 시절은 사라져 없어졌고
나만 늙은 얼굴을 봄 바다에 비추어보며 가는 세월을 탓하고 있습니다.

11월

11월 _______________ 일.

늦은 11월에
자유롭게 시간의 바다 위를 마음껏 노를 젓는다.
그를 배웅하고 난 나의 진실한 끝을 찾아서

11월

이.

나뭇가지는 이른 겨울바람에 흔들리고,
차가운 시냇물은 아무 말 없이 흐르지만,
10월이 가고 11월이 왔듯이, 11월이 가면 12월이 분명히 오겠지.

삶.

소리 내며 우는 겨울바람아
하고 싶은 말도 못하고 차가운 11월을 보내는구나.
나이가 드니 나는 우는 것조차 힘드는구나.

11월

시.

차가운 11월 오후에 혼자 말없이 겨울바람 따라 길을 걷다가
옆길을 돌아보니 인적이 없네.
마중 오는 사람도 없는 길에 어찌 나만 혼자 걸어가고 있을까?

11월

오.

느티나무는 동구 밖에 서 있다.
어릴 때는 무진장 크게 보였지만
축 늘어진 나뭇가지를 보니 너도 나처럼 많이 늙었구나.

분류

분류

일.

수많은 것들이 억지로 그어진 선을 경계로
우리들의 의지와 아무 관계 없이
나누어졌다 흔적도 없이 사라진다.

분류

이.

정말 짧은 고요함과 시끄러움,
그것도 잠시
다음은 아무도 모른다.

분류

삶.

주인의 실수로 분류가 잘못되어
한평생 억울하게 살고 있지만
주인에 대한 두려움에 오류를 항의하는 사람은 없다.

분류

사.

빈 배가 항구로 돌아온다.
선주가 잡은 고기가 없다고 신호를 보내니 각자 집으로 돌아갔다.
오늘 분류할 작업량은 없다.

분류

오.

분류에 실수가 발생하면
우리들의 의견은 철저히 무시되어 왔고
주인은 아무 관심도 없었다.

망각되지 않는 것

망각되지 않는 것

일.

어린 시절에는
잘 튀긴 통닭을 몇 마리쯤은 먹을 수 있겠다고 생각했으나
이제 나이가 들어 통닭 한 마리도 다 못 먹고 남깁니다.

망각되지 않는 것 01.

오후 늦게 풀밭에 주저앉아
지나가는 가을바람을 억지로 붙잡아 놓고
지난 일들을 잊지 않게 해달라고 어려운 부탁을 합니다.

망각되지 않는 것

삼.

반쯤 먹다 남은 맛없는 치킨 햄버거에
자꾸 미련을 버리지 못하는 사람들
아까운 욕심을 끝까지 망각하지 못하며 계속 살아가고 있습니다.

망각되지 않는 것

사.

어린 시절에 그렇게 먹어보고 싶었던 전기 통닭구이
그때 못 먹었던 서러움은
시간이 흐르면 깨끗이 잊혀질 줄 알았습니다.

망각되지 않는 것

오.

나태에 길들어진 덧없는 나의 시간들
나물 한 접시 씁은 소주 한 잔에 달래보지만
무심한 세월은 나를 잊지 않고 잘도 데리고 다닙니다.

야비한 사람들

야비한 사람들

일.

어제 온 사람들은 아무 이유 없이
외면하고, 비웃고, 무시하는
정말로 야비한 사람들

야비한 사람들

01.

그들도 처음에는 그렇게 야비하지 않았다고 한다.
소문에 의하면 누군가 아마 뒤에 숨어서
그들을 조정하고 있을 것이라고 추측하고 있다.

야비한 사람들

삶.

조금이라도 약점이 보이면 무섭게 질타를 하고
작은 자비가 없어 냉정하다고 하지만
어젯밤에 그가 혼자 하염없이 우는 것을 보았다.

야비한 사람들

사.

그들은 좋아하지 않는다.
부끄러워하지도 않는다.
얼굴에 온기가 처음부터 없어 보였다.

오.

조그만 꿈이 있어 보였고,
자주 참석은 못 했지만
함께하려고 무진장 노력해 보는 것을 나는 보았다.

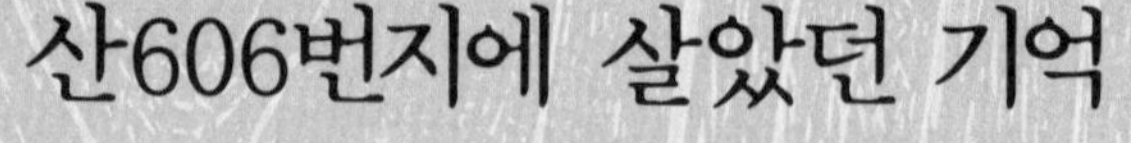

산606번지에 살았던 기억

산606번지에 살았던 기억

일.

정이 있는 사람들이 모여서 살던 산동네
내 기억으로 사람들이 말하고 있는 것들은 항상 옳았다.
세월이 흘러 더 이상 그 사람들은 이제 만날 수 없다.

산606번지에 살았던 기억

01.

그들과 함께 살아보지 못했던 사람들은
그들을 도저히 이해하지 못할 것이다.
그래서 나는 그들을 잊지 않으려고 무단히 노력하고 있는 것이다.

늦게 도착한 외지인들도 함께 어울렸고
비록 그곳이 가난한 동네이지만
지금 생각해 보니 모두 작은 꿈이 있었던 것처럼 느꼈다.

산606번지에 살았던 기억

사.

그 마을이 강제로 철거되자 많은 사람들은 흩어졌다.
그곳에 살았던 짧은 우리들의 흔적과 나의 아름다운 기억들은
내 가슴에 영원히 남아 있을 것이다.

산606번지에 살았던 기억

오.

수많은 세월이 흘러 이제 갈 수 없는 마을
희미하게 늘 지워지지 않는 어린 시절은 내 마음 깊이 박혀
죽을 때까지 나를 떠나지 못하고 맴돌고 있겠구나.

초록 앵무새

초록 앵무새

일.

그 예쁜 앵무새도 병이 들면 초라해지는구나.
몸이 말을 듣지 않으니 날 수가 없나 보구나.
앵무새야, 잠시라도 일어나 함께 웃어보자.

초록 앵무새 이.

앵무새야, 표시해 두어라.
꿈틀거리지 마라.
포식자들이 너의 이력에 시비를 걸 것 같다.

삼.

별로 중요하지도 않은 일에 자꾸 따지는 낯익은 사람들
앵무새야, 절대로 그 일에 끼지 마라.
그들은 벌써 자기 영역을 확보하고 너를 얕보며 조롱하고 있을 뿐이다.

초록 앵무새

사.

초록 앵무새야
앞으로 일어날 일은 아무도 모른다.
누구도 궁금해하지도 않는다.

초록 앵무새

오.

작은 흔적을 남기고,
초록 앵무새가 혼자 죽었다.
아무도 배웅하는 이가 없었고, 종일 비가 왔다.

식탐하는 사람들

일.

그 지역의 사람들은 밤이나 낮이나 쉬지 않고 먹었다.
제발 그만 먹으라고 말렸지만, 들은 척도 하지 않았고
확보된 자기 먹이를 빼앗기지 않으려고, 적대감을 보이며 탐욕스럽게 계속 먹었다.

식탐하는 사람들

이.

밖에 절대로 나오지 않는다.
어두운 방에서 폭식을 하며 완강히 밖으로 나오려 하지 않는다.
자기의 행동이 진리인 것처럼 착각하고 있다.

삼.

그들은 내일 떠난다, 그래도 이웃들은 약간 슬퍼했다.
축 늘어진 몸, 숨조차 제대로 쉴 수 없지만 가방에는 먹을 음식이 가득했다.
떠나는 정거장 입구에서도 말린 고기를 씹는다. 정말로 불쌍해 보였다.

식탁하는 사람들

사.

떠난 후 마을 사람들이 전해 들은 소식은
그들은 뛰어다니며 흥분했고
소리도 지르고 배고픔에 울기도 했다고 한다.

식탁하는 사람들

오.

별로 중요하지 않은 식탐에 대한 이 짧은 이야기들은
차츰 우리 곁에서 사라져 갈 것이고
또다시 세월이 흐른 후에는 아무도 기억하지 못할 것이다.

나만 알고 있는 일기

나만 알고 있는 일기

일.

11월 17일 맑음/잠실 지하철역에서

회색빛 빌딩들 사이로
하얀 눈이 내리다
잠시 후 멈추었다.

나만 알고 있는 일기 01.

4월 8일 비 오는 날/우이동 사일구 탑 입구에서

너무 조용했다.
저녁에 돌아왔다.

나만 알고 있는 일기 삼.

2월 3일 맑음/ 1971년 이후

수치와 모욕적인 일들이 계속 있었지만
내가 어떻게 할 수 있는 일이 아니었다.

사.

12월 8일 약간 흐림/ 동물원 겨울 사자와 대화

내가 물으니
쳐다보지도 않았지만
일방적으로 이야기했다.

4월 11일 비 온 후 갬/ 봄이 오는 소매몰도에서

누가
봄날에 몰래 살짝 놓고 갔다.

아주 작은 부탁

부탁하나 들어줄 수 있는 사람이 있다면
찾아가 부탁을 해야지
저절로 이렇게 욕심 없이 살다 가게 해 달라고

아주 작은 부탁

이.

알고 지내던 사람들이 하나씩
내 곁을 떠나가 버릴 때,
너무 큰 소리로 울지 않게 해 달라고 해야지,

아주 작은 부탁

삼.

우리들에게 아주 슬픈 날이 찾아와도
서로를 탓하지 말고, 자책도 하지 말고
서로 사랑하며 함께 살아가자고 부탁해야지

아주 작은 부탁

사.

언젠가 예상하지 못했던 혼란이 우리들을 갈라놓을 때
우리 서로 헤어지지 않게 해달라고 해야지
마지막까지 손을 꼭 잡고 같이 있게 해 달라고 해야지

아주 작은 부탁

오.

새로운 세상이 오면,
조용한 세상이 찾아오면,
부탁 없이 모두 새롭게 살겠지.

작은 귀뚜라미

작은 귀뚜라미 일.

유리병 속 귀뚜라미 한 마리가 밖으로 나가려고 시도하고 있지만
올라가다 미끄러지고 미끄러지면 다시 올라가는 것을
수없이 되풀이하고 있다. 지금까지도 포기하지 않고 도전하고 있다.

작은 귀뚜라미 이.

얼마나 지쳤는지, 이마는 까져서
몸이 허물어 내리고, 더듬이 한쪽은 이미 떨어지고 없다.
왜, 이 안에 들어 왔는지도 아무도 모른다. 누구도 가르쳐주지 않는다.

작은 귀뚜라미

삼.

자기 의지와 아무 상관 없이 사육되다가
자기 의지로 밖에 나가려는 것이다.
뜻대로 되는 것이 귀뚜라미에게는 아무것도 없다.

작은 귀뚜라미

사.

야생고양이 몇 마리가 비웃고 도망갔고
꼬리가 노란 까마귀도 방해를 놓았지만
힘없고 작은 귀뚜라미는 끈질기게 밖으로 나가려고 한다.

작은 귀뚜라미 오.

귀뚜라미는 이제 정말 지쳤다.
밖으로 나가려고 노력했지만 나가는 유리병이 너무 높았다.
사람들은 아무 쓸모 없는 짓이라고 여러 번 손가락 짓을 했다.

잣나무 숲에서

잣나무 숲에서

일.

까마귀들은 울지 않는다.
푸른 숲은 조용히 깊은숨을 쉰다.
모두 다 살아 있음을 서로 확인한다.

잣나무 숲에서

이.

어린 잣나무 숲으로 따스한 햇살이 깃들면
작은 벌레들과 곤충들은
서로를 위로하며 꿈틀거린다.

잣나무 숲에서

삶.

간지러운 봄비가
가만히 내리면 잣나무 숲은
더욱 평화롭고 고요하다.

잣나무 숲에서

사.

나무 위에 산새들은 저녁이면 모두 날아가 버리고,
나무 밑에 어린 벌레들도 저녁이면 모두 집으로 가 버리면
잣나무 숲의 하루는 조용히 마감된다.

잣나무 숲에서

오.

앞에 흐르는 아주 긴 강은
잣나무가 자라던 때보다 훨씬 먼저 흘렀지만
아무 말 없이 숲 사이로 물길을 만들며 흐르고 있다.

겨울 들쥐들

겨울 들쥐들

일.

겨울 들쥐들이 모여 산다.

고구마밭 밑에 오순도순 집을 짓고 산다.

혹독한 겨울이 지나면 봄이 온다는 것을 확실히 알고 있다.

겨울 들쥐들

01.

추운 겨울이 지나 들판에 온통 노란 민들레, 맵생이 등이 깔리면
모든 생물은 꿈틀거리기 시작하고
들쥐들도 살아 있음을 서로서로 확인하는 이른 봄을 기다리고 있다.

삼.

겨울 들쥐들은 얼른 밖에 나가 봄볕을 쬐고 싶지만
무서운 수리부엉이 소리 때문에
성급한 행동을 절대로 하지 않는다. 작년의 일을 기억하고 있기 때문에

겨울 들쥐들

사.

지나가는 짐승들에 밟혀 집이 무너지고, 추운 겨울바람이 불어도 들쥐가족들은 사소한 불만을 이야기하지 않으며 절대로 서로의 험담을 하지 않는다.
그들이 만들어 놓은 서로 지켜야 하는 규칙이기 때문이다.

겨울 들쥐들

오.

겨울 들쥐들은 정말 끈질기게 살아남았다.
아무 흔들림 없이 또한 아무 편견 없이 서로 도우며 살아왔다.
차가운 이 겨울이 지나고 따스한 봄이 오면 모두들 멋진 첫 외출을 서두를 것이다.

썩은 빵

썩은 빵

일.

저절로 사라지는 것이 아름다울 때가 있지만
억지로 쫓아내는 것은 그리 좋아 보이지 않는다.
그렇게 맛있던 빵에 어느덧 검은 곰팡이가 피었다.

썩은 빵

이.

하고 싶은 말도 못하고
맛없다고 따지지도 못하고
썩은 빵에 우리들은 점점 길들어져 왔다.

썩은 빵

삼.

아무도 너에게 관심은 없지만,
너의 비웃음이 썩음을 칭찬할 때
나중에 우리들은 가슴 아파할 것이다.

썩은 빵

사.

골목길 빵집 진열장 안에서 보았던 빵
아직까지 썩지 않고 싱싱하게 진열되어 있다.
거짓과 위선으로 방부처리 되어있는 빵

썩은 빵

오.

꽃이 피면 봄이 오듯이 때가 되면 빵도 썩는다.
듣기 좋은 소리는 아니지만
어떤 사람은 새로운 빵을 위해 너를 위대하다고 말하기도 한다.

들꽃 향기

들꽃 향기

일.

이른 춘삼월에 간지러운 봄바람이 불면
온 세상은 들꽃 향기
산 너머 마을로부터 골바람이 불면 사방에 촌스러운 들꽃 향기

들꽃 향기

01.

들꽃 향기를 따라 논두길을 걸어갑니다.
말없이 그냥 계속 걸어갑니다.
혼자서 조용히 걸어갑니다.

들꽃 향기

삶.

들꽃 향기를 누구나 맡을 수 있게 허락해 주었습니다.
들꽃 향기를 누구나 가질 수 있게 허락해 주었습니다.
그분에게 고마울 뿐입니다.

들꽃 향기

사.

억지로 꽃을 피우라고 말하지 마십시오.
들꽃으로 왔다가 들꽃으로 갈 뿐, 동정도 하지 마십시오.
그저 들꽃이 있어 세상이 아름다울 뿐입니다.

들꽃 향기

오.

젊은 아주머니가 꽃밭에 앉아 아침부터 웃고 있습니다.
싱싱한 패랭이꽃을 한 아름 안고 무엇이 좋은지 웃고 있습니다.
지나간 꽃다운 청춘이 너무 아쉬워 혼자 웃고 있습니다.

좀 늦은 사람들

좀 늦은 사람들 일.

'SEVEN STAR' CLUB은 매일 영업을 합니다.
좀 늦는 사람들을 위하여 24시 영업을 합니다.
모두가 함께할 수 있는 'SEVEN STAR' CLUB은 길 건너 가까이 있습니다.

좀 늦은 사람들

01.

밤이 되면 늦게 찾아오는 소외감
순서를 기다리며 반복되고 또 반복되는 일들
'SEVEN STAR' CLUB은 조용합니다.

기다리는 대기자처럼
기약 없이 살아갈 뿐입니다.
'SEVEN STAR' CLUB은 지도에도 나와 있습니다.

좀 늦은 사람들

좀 늦은 사람들은
들어가지 못하고 서성이고 있습니다.
'SEVEN STAR' CLUB은 몇 번 주인이 바뀌었습니다.

밤낮으로 다음 약속을 기다립니다.
쉽게 세상을 탓하지 않습니다.
그러나 'SEVEN STAR' CLUB은 우리들과 점점 멀어져 가고 있습니다.

이가복음

일.

참 이상한 일입니다. 자기들끼리 싸우고 있습니다.
그들에게 옳지 않다고 말했지만,
자신들의 일이라며 간섭하지 말라고 짜증을 냅니다.

이가복음 01.

이상한 소식을 전해 들은 사람들은
아직 아무 소식이 없고
많은 사람들은 계속 기다리고 있습니다.

이가복음

삼.

잘못된 새로운 소식을 전하고 있는
잘난 척하는 사람들
별로 반갑지 않은 불편한 사람들

이가복음 사.

며칠 후 일이 끝난다고 떠들며 다닙니다.
우리들은 전혀 모르고 있는 일입니다.
마치 자기가 주인처럼 행사합니다.

이가복음

오.

계획했던 것을 무난히 마감했을지 모르지만
잘했다고 말하는 이는 아무도 없을 것입니다.
그의 계획이 전혀 우리와 같지 않았다는 것입니다.

아주 사소한 일에 다르게 행동하는 사람들

아주 사소한 일에 다르게 행동하는 사람들 일.

별로 중요하지 않은 사소한 행동에
어느 것이 더 현명할 것이라고
그들은 중대한 결정을 내리지 못하고 있다.

아주 사소한 일에 다르게 행동하는 사람들 01.

잘못된 사소한 오해를 버리지 못하고
절대로 바꾸려고 노력도 하지 않고
서로 잘못을 탓하며 고집을 부리고 있다.

아주 사소한 일에 다르게 행동하는 사람들

삼.

누군가 분명히 그것을 계획한 사람이 있었을 것이다.
또 억지로 시행하고 무리하게 행동했던 집단이 있었을 것이다.
단순한 생각이지만 우리들은 별 관심이 없다.

아주 사소한 일에 다르게 행동하는 사람들

사.

자기의 아주 사소한 생각을 일방적으로 관철시키려고
쓸데없는 일에 자주 변명과 시비를 건다.
그래서 우리들은 제대로 비교할 수 없어 고민 중이다.

아주 사소한 일에 다르게 행동하는 사람들

오.

그 이야기는 우리들에게 항상 논란의 대상이 되었다.
양측에 의하여 그 논란은 아직까지 계속되고 있다.
그 이야기는 별 의미 없는 아주 사소한 행동에 관한 것이기 때문이다.

잠자리

잠자리 ___ 일.

잠자리 30마리가 남서쪽으로 날아갑니다.
계획된 비행은 아닙니다.

잠자리잠자리잠자리잠자리잠자리잠자리잠자리잠자리잠자리잠자리
잠자리잠자리잠자리잠자리잠자리잠자리잠자리잠자리잠자리잠자리
잠자리잠자리잠자리잠자리잠자리잠자리잠자리잠자리잠자리잠자리

잠자리 이.

뒤쪽에 날아오던 잠자리 수십 마리가 방향을 틀어 동쪽으로 도망갔습니다.
실수인지 계획적인지 누구에게도 알려주지 않았습니다.

잠자리잠자리잠자리잠자리잠자리잠자리잠자리잠자리잠자리잠자리
잠자리잠자리잠자리잠자리잠자리잠자리잠자리잠자리잠자리잠자리

잠자리 삼.

또 몇몇 잠자리들이 불평을 하며 서쪽으로 탈출을 했습니다.
이때부터 남은 잠자리들은 혼란해졌습니다.

잠자리잠자리잠자리잠자리잠자리잠자리잠자리잠자리잠자리잠자리

잠자리

사.

5마리 잠자리들은
무척 당황스러워했습니다.

잠자리잠자리잠자리잠자리잠자리

잠자리 오.

마지막 남은 잠자리 2마리는 자기 의지와 관계없이
누군가 계획하고 실행되는 무엇이 있다고 믿게 되었습니다.

잠자리잠자리

나중에

나중에 일.

나중에 그곳에서 우연히 다시 만나면
모든 것들이 별것 아니었던 것처럼
만남도 아무 의미가 없을 것이라고 기대됩니다.

나중에 이.

나중에 길을 가다 뒤에 따라 오는 사람들도 없어나 혼자라고 생각이 들 때, 외로워하지 마십시오. 그건 분명히 안내자의 잘못입니다.

삶.

나중에 세월이 지나
주인도 없이, 아무 연락도 없이
모르는 일들에 하염없이 기다려야 할 것입니다.

나중에

사.

나중에
공평하지 않은 일들이 분명히 있을 것입니다.
이유는 그 사람만이 알고 있기 때문입니다.

나중에 오.

한 안내자에 의하여
나중에 똑같은 일들이 끊임없이 반복되고 있어도
아마 그만한 이유가 있을 것입니다.